T0413433

# ¡Respeta las reglas!

Gail Skroback Hennessey, M.S.T.

## Asesoras

**Shelley Scudder**
Maestra de educación de
estudiantes dotados
Broward County Schools

**Caryn Williams, M.S.Ed.**
Madison County Schools
Huntsville, AL

### Créditos de publicación

Dona Herweck Rice, *Jefa de redacción*
Lee Aucoin, *Diseñadora de multimedia
   principal*
Torrey Maloof, *Editora*
Diana Kenney, M.A.Ed., NBCT,
   *Editora asociada de educación*
Marissa Rodriguez, *Diseñadora*
Stephanie Reid, *Editora de fotos*
Traducción de Santiago Ochoa
Rachelle Cracchiolo, M.S.Ed., *Editora
   comercial*

**Créditos de imágenes:** Tapa & págs. 1,
4, 6, 7, 8, 9, 14, 15, 16, 17 Alamy; pág. 19
The Granger Collection; págs. 10, 12,
24 iStockphoto; pág. 13 The Library of
Congress [LC-USZ62-68476]; pág. 5 The
Library of Congress; pág. 11 U.S. Capitol;
pág. 21 Wendy Conklin; All other images
from Shutterstock.

### Teacher Created Materials

5301 Oceanus Drive
Huntington Beach, CA 92649-1030
http://www.tcmpub.com
**ISBN 978-1-4938-0483-2**
© 2016 Teacher Created Materials, Inc.

# Índice

# ¿Qué es una regla?

Las **reglas** nos dicen lo que podemos o no podemos hacer.  Las reglas deberían ser **iguales** para todas las personas.

Un niño lee las reglas en una piscina.

# La Constitución

La Constitución es una lista de reglas para los Estados Unidos de América.

la Constitución de Estados Unidos

# Las reglas son importantes

Las reglas nos **protegen**. Nos mantienen seguros. Nos ayudan a trabajar juntos.

Reglas

- Estar preparado
- Sé respetuoso
- Levanta la mano
- No copiar
- ¡Intenta lo mejor de ti!

Estas reglas ayudan a que los niños trabajen juntos en la escuela.

6

El guardia de cruce ayuda a los niños a cruzar la calle con seguridad.

Sin reglas, la gente podría tomar malas decisiones. Los autos podrían no parar cuando el semáforo está en rojo. La gente podría pelear.

Dibujar en una pared es una mala decisión.

Pelear también es una mala decisión.

# ¿Quién hace las reglas?

Los directores hacen las reglas para las escuelas. Los maestros hacen las reglas para los salones de clases. Los padres hacen las reglas para el hogar.

La maestra enseña las reglas a sus alumnos.

# Reglas para nuestro país

Los líderes del **gobierno** hacen reglas para nuestro país. Estas reglas se llaman **leyes**.

Este es el Capitolio en Washington, D. C. Es el lugar donde los líderes del gobierno hacen las reglas para nuestro país.

11

# Sigue las reglas

¿Quién se asegura de que sigamos las reglas? Los padres lo hacen. Los maestros lo hacen. La policía lo hace.

Esta oficial de policía se asegura de que la gente siga las reglas.

Estas maestras se aseguran de que sus estudiantes sigan las reglas en 1940.

Cuando no seguimos una regla, hay una **consecuencia**, o resultado. Aprendemos a seguir la regla la próxima vez.

Esta niña no siguió las reglas. Tiene que permanecer en el salón después de clases.

Cuando sigues las reglas en la escuela, tal vez obtengas recompensas.

¡Brooke se ganó tres estrellas!

# Es de oro

La **regla de oro** es muy vieja. Dice que debes tratar a los demás así como quieres que te traten.

Esta niña ayuda a un amigo que está lastimado.

Este niño recoge mantas para dárselas a personas necesitadas.

# Muestra respeto

Cuando sigues las reglas, muestras **respeto**. Muestras respeto por ti mismo. Muestras respeto por los demás.

Los niños pueden mostrar respeto esperando en fila.

Estudiantes esperando en fila en 1936.

# ¡Haz una lista!

Piensa en las reglas que tienes en casa. Habla sobre las reglas con tu familia. Haz una lista de reglas. Busca un lugar para colgar tu lista y ayudar a todos a recordar las reglas.

Esta familia escribe una lista de reglas.

**Reglas de la familia**

1. Respetar las cosas de los demás.
2. Conservar energía en nuestro hogar.
3. Mostrar buenos modales.
4. Hacer los quehaceres divertidos.
5. Limpiar tu desorden.
6. Elogiarse unos a otros.
7. Escuchar unos a otros.

x Jordan    x Andy    x Blanca    x Ramón

Esta es una lista de reglas de una familia.

# Glosario

**consecuencia**: un resultado

**gobierno**: un grupo de personas que toman decisiones para un país

**iguales**: que son lo mismo

**leyes**: un conjunto de reglas hechas por un gobierno

**protegen**: mantienen fuera de peligro

**regla de oro**: una regla que dice que deberías tratar a los demás como quieres ser tratado

**reglas**: cosas que te dicen qué puedes y qué no puedes hacer

**respeto**: cuando muestras que alguien o algo es importante

# Índice analítico

# ¡Tu turno!

## ¡Las reglas de mi clase!

Esta maestra habla con sus alumnos acerca de las reglas. ¿Qué reglas hay en tu clase? Habla con un amigo acerca de las reglas de tu clase. Escríbelas.